Stefan Loß (Hrsg.)

WEIHNACHTS *Mutmach* GESCHICHTEN

Weitere Geschichtenbücher im BRUNNEN Verlag:
WeihnachtsHoffnungsGeschichten, Gießen 2021
24+2 WeihnachtsLichtGeschichten, Hörbuch, Gießen 2021
FrühlingsLichtGeschichten, Gießen 2022

©2023 Brunnen Verlag GmbH, Gießen
Lektorat: Stefan Loß
Umschlagmotiv: Adobe Stock
Umschlaggestaltung: Daniela Sprenger
Satz: Brunnen Verlag GmbH
Druck: CPI Books GmbH, Leck
Gedruckt in Deutschland
ISBN 978-3-7655-4388-3
www.brunnen-verlag.de

Für

....

Von

....

Inhalt

Fabian Vogt
Über Mut!   9

Katrin Faludi
Schwätzchen mit Frau Plappert   14

Rüdiger Jope
Die Weihnachtslaterne   20

Rebecca Dernelle-Fischer
Weihnachten zu Hause   24

Susanne Ospelkaus
Der Augenblick   30

Jörg Kailus
Die Vergessenen   37

Brigitte Rath
Fürchtet euch nicht!   42

Jürgen Werth
Wevelmanns Weihnachten   47

Karl-Heinz Becker
Das Christkind schläft noch   52

Cordula Lindörfer
Lena   57

Fabian Vogt

Über Mut!

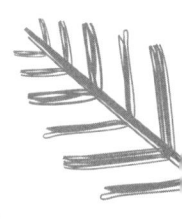

Mitten im Weihnachtsgottesdienst, während der Predigt, sprang Annette auf, ragte kurz mit ihren 1,78 wie ein blonder Leuchtturm über die Köpfe der Gemeinde – und drängte sich dann durch die dicht gefüllte Bank. „'Tschuldigung. 'Tschuldigung."

„Annette", zischte ihr Mann Dennis, „wo willst du denn hin? Ist was?"

Die Pfarrerin auf der Kanzel stockte einen Moment und warf der hinauseilenden Annette einen fragenden Blick hinterher, bevor sie wieder auf ihr Manuskript schaute: „Versöhnung ist für mich einer der schönsten und wichtigsten Weihnachtsgedanken …"

Dennis erhob sich ebenfalls, zuckte fragend mit den Schultern und quetschte sich, wie seine Frau wenige Sekunden zuvor, auch an den Sitznachbarn vorbei. „'Tschuldigung. 'Tschuldigung."

„Kommen noch mehr?", nörgelte eine Jugendliche genervt, aber da stand Dennis schon im Mittelgang. „'Tschuldigung."

Er beherrschte sich, um nicht in der Kirche loszurennen, aber kaum hatte er die Eingangstür erreicht, sprintete er los … und schaffte es, Annette kurz hinter dem

Schaukasten der Gemeinde einzuholen, dessen Beleuchtung den Weg in ein ockerfarbenes Licht tauchte.

Dennis blieb neben ihr stehen, woraufhin sie ebenfalls anhielt. Schwer atmend fragte er: „Hey, was ist denn? Du kannst doch nicht mitten im Gottesdienst ..."

Sie sah ihn mit großen Augen an: „Doch! Ich will das machen, was die Pfarrerin gerade gesagt hat."

„Hä! Was hat sie denn gesagt?"

Annette atmete einmal tief aus und wieder ein: „Dass Weihnachten das Fest der Versöhnung ist. Der Versöhnung zwischen Himmel und Erde. Hast du nicht zugehört."

„Doch, das habe ich gehört. Und?"

„Und dass Gott Mensch geworden ist, damit auch zwischen den Menschen Versöhnung möglich wird."

„Ja, das habe ich auch kapiert. Aber warum jetzt dieses Tohuwabohu hier? Das war schon skurril eben."

Annette legte ihm die Hand auf den Arm, biss sich kurz auf die Unterlippe und sagte dann leise: „Ich will zu Tobi!"

Dennis schaute sie ungläubig an: „Tobi? Der ‚Riesenarsch', wie du ihn immer nennst? Der Tobi, der dich als ‚arrogante, karrieregeile Zicke' beschimpft hat? Und der dir immer noch 80.000 € schuldet?"

„Tobi ... mein Zwillingsbruder."

„Ich weiß! Aber: Wie lange habt ihr nicht miteinander gesprochen. 18 Jahre?"

„Fast 20. Aber stell dir vor: Ich sitze da im Gottesdienst, und die Pfarrerin redet über Versöhnung ... und plötzlich durchfährt es mich: Warum mache ich das nicht einfach? Jetzt! Das mit der Versöhnung. Wenn nicht jetzt, wann dann?"

Dennis seufzte und suchte nach Worten: „Du weißt aber schon, dass du uns dadurch ... eventuell ... das Weihnachtsfest ... äh ... versaust. Was ist, wenn er dich immer noch so hasst wie früher? Wenn er dich wieder beschimpft? Ich meine, ihr habt euch vor Gericht wegen dieser bescheuerten Erbschaftsgeschichte fast zerfleischt. Und so, wie du mir die Sache geschildert hast, hast du ihn auch nicht gerade mit Samthandschuhen angefasst."

Annette nickte traurig. Dann sagte sie zögernd: „Ich weiß. Und ich habe auch Angst vor dieser Begegnung."

Sie drehte sich so, dass das Licht des Schaukastens ihr Gesicht erleuchtete: „Aber ich musste im Gottesdienst die ganze Zeit daran denken, wie Tobi und ich damals im Krippenspiel Maria und Josef gespielt haben. Gott, ist das lang her. Wir waren beide vermutlich 10 Jahre alt. Höchstens 11. Habe ich das mal erzählt?"

Dennis schüttelte den Kopf.

„Wie gesagt, ich war Maria und musste bei der Ankunft in Bethlehem laut sagen: ‚O Josef, ich habe solche Angst.' Und Tobi hat als Josef erwidert: ‚Nur Mut, Maria, Gott ist mit uns. Fürchte dich nicht!' Ich habe noch seine hohe Stimme im Ohr. Vor dem Stimmbruch.

Verrückt ist: Später war das bei Tobi und mir lange Zeit ein Running Gag. Was weiß ich ... wenn einer von uns als Teenager unsterblich verliebt war, eine schwere Klausur anstand oder wir was Unangenehmes mit unseren Eltern klären mussten ... dann hat immer einer gesagt: ‚O Josef, ich habe solche Angst' und der andere hat erwidert: ‚Nur Mut, Maria, Gott ist mit uns. Fürchte dich nicht!'"

Dennis nahm sie in den Arm. „Und ausgerechnet heute möchtest du den Kontakt zu deinem Bruder wieder aufnehmen? Puh! Ich meine: Ich kenne ihn ja gar nicht ..."

Annette nickte: „Ist das nicht schrecklich? Dass mein Bruder meinen Ehemann nicht kennt? Und umgekehrt."

Er knöpfte ihren dicken, roten Mantel zu, weil es angefangen hatte zu schneien. „Was willst du ihm denn sagen? Willst du dich entschuldigen? Für das, was du damals in deiner Empörung von dir gegeben hast? Oder hoffst du, dass er sich bei dir entschuldigt? Und hast du irgendeine Ahnung, wo er gerade ist?"

Sie löste sich von ihm. „Na ja, Tante Julia hat mir erzählt, dass er seit einiger Zeit im Kirchenvorstand ist. Da besteht eine gewisse Wahrscheinlichkeit, dass er auch den Weihnachtsgottesdienst seiner Gemeinde besucht. Lass uns hinfahren. Es sind ja nur 18 Kilometer. Und wie gesagt: Jetzt oder nie!"

Dennis nahm seine Frau bei der Hand und lief mit ihr zum Parkplatz. „O. k. Aber ich fahre. In deinem Zustand ..."

„Macho!"

Er grinste: „Ich dachte eher: Vielleicht nutzt du die Zeit und überlegst dir, was du deinem Bruder sagen willst. Schließlich wird er ziemlich überrascht sein, wenn du auf einmal auftauchst."

Knappe zwanzig Minuten später erreichten sie die benachbarte Kreisstadt und fanden die Kirche sofort. Natürlich gab es in der direkten Umgebung keinen freien

Parkplatz, sodass Annette aus dem Wagen sprang und Dennis weiter suchte.

Sie lief auf die Kirchentür zu, aus der gerade die hymnischen Klänge von „O du fröhliche" erschallten.

Na gut, dachte sie, dann werden ja gleich alle hier rausströmen. Ich warte einfach. Nur: Was soll ich ihm denn jetzt sagen? Ich weiß es einfach nicht. Nach all den Jahren? Nach all dem Streit? Und nach all der Wut? Was soll ich ihm bloß sagen?

Als er schließlich aus dem Portal trat, erkannte sie ihn sofort. Tobi. Ihr Zwillingsbruder. Etwas fülliger. Geheimratsecken. Aber nach wie vor dieses markante Gesicht mit dem spitzen Kinn.

Dann standen sie voreinander. Und sie wusste immer noch nicht, was sie sagen sollte. Ihr Kopf war völlig leer.

Doch plötzlich – sie konnte selbst nicht erklären, woher – kamen ihr Worte über die Lippen, die so vertrauten Worte: „O Josef, ich habe solche Angst."

Tobi liefen Tränen über die Wangen und er erwiderte laut und hell, als wäre er wieder 10 Jahre alt: „Nur Mut, Maria, Gott ist mit uns. Fürchte dich nicht!"

Und dann lagen sie sich in den Armen.

Minutenlang.

Bis Tobi irgendwann seine Hand ausstreckte und sagte: „Hallo! Du musst Dennis sein. Ich bin Tobias. Frohe Weihnachten!"

Katrin Faludi

Schwätzchen mit Frau Plappert

Diese alte Schachtel! Wütend tritt Wilma auf die Radbremse ihres Putzwagens. Graue Brühe schwappt über den Eimerrand aufs graue Linoleum und hinterlässt Spritzer auf dem untersten der sechs Pappkartons, die neben der Wohnungstür von Frau Plappert darauf warten, weggeräumt zu werden. Von der studentischen Putzkraft Wilma natürlich; dafür ist sie hier ja angestellt.

In der Seniorenwohnanlage leben viele alte Schachteln, aber die alte Schachtel ist eindeutig Herlinde Plappert. Sie ist 85 und hat weder Mann noch Mops. Dafür besitzt sie ein Tablet und sie scheut sich nicht davor, es zu nutzen! Irgendjemand hat ihr ein Konto bei einem Online-Versand eingerichtet. Seitdem bestellt Frau Plappert, was die Rente hergibt. Keine Woche unter fünf Kartons, Wilma hat mitgezählt! So viel Kohle würde sie selbst gerne haben! Aber ihr BAföG ist mager und der Stundenlohn als Putzkraft mies. Das einzig Üppige in ihrem Leben sind die Miete für ihr WG-Zimmer und der Schimmelfleck an der Wand.

Am liebsten würde sie den Kartonstapel mit ihrem Feuerzeug an Ort und Stelle abfackeln. Aber genau deshalb muss sie die Pappe ja wegräumen. Brandgefahr! Nichts darf in den Gängen herumstehen. Nicht einmal ihre Rollatoren dürfen die Omis und Opis in den Gängen parken. Wilma lässt den Putzwagen stehen und macht sich daran, die Pappe zu zerkleinern. Dafür wendet sie ihre Spezialtechnik an: Sie trampelt so lange auf einem Karton herum, bis er platt ist. Das macht jedes Mal einen Heidenlärm, aber hier sind ja sowieso alle schwerhörig.

Wilma lässt ihren Frust gerade an Karton Nummer 3 aus, als sich hinter ihr die Wohnungstüre öffnet.

„Ach, Kindchen, wie gut, dass ich Sie noch antreffe!", piepst Frau Plapperts Stimme hinter einem weiteren Pappkarton hervor. „Den hatte ich vergessen. Wie nett von Ihnen, dass Sie sich darum kümmern! Wissen Sie, ich habe nicht mehr die Kraft ..."

„Jaja", erwidert Wilma unwirsch, dreht der alten Dame den Rücken zu und trampelt extra laut auf die Pappe ein. Sie muss den Abfall beseitigen, die Gänge wischen, die Glastüren reinigen und dann noch für die Statistikklausur am nächsten Morgen büffeln. So kurz vor der Weihnachtspause, dafür hätte sie den Prof am liebsten genauso behandelt wie die Kartons zu ihren Füßen.

Dreimal muss Wilma laufen, um die Pappe in den Hof zu tragen. Der Container quillt schon über. Aus der Raucherecke schaut ihr der FSJler mit den krassen Oberarmen beim Hineinquetschen der Kartons zu.

„Hat die Shopping-Queen wieder zugeschlagen?", spottet er, ohne sich zu rühren.

„Ganz ehrlich, der sollte man das Tablet abnehmen!",

knurrt Wilma. „Kann nicht irgendjemand mal ihren Verwandten einen Tipp geben?"

„Gibt keine Angehörigen."

Wilma stutzt. „Echt jetzt?"

„Wahrscheinlich bestellt sie den ganzen Schrott, weil sie einsam ist", mutmaßt Mr. Oberarm.

„Na toll!"

Wilma rammt das letzte Stück Pappe in den Container und sieht auf die Uhr: Die Kartons haben sie volle 20 Minuten gekostet. In der Zeit hätte sie locker zwei Gänge wischen können! Sie eilt zurück zu ihrem Putzwagen und wiederholt beim Moppen in Gedanken die Formeln für die Klausur. Das tut sie lieber jetzt, solange sie einigermaßen bei Sinnen ist. In dem Schimmelmuff ihres WG-Zimmers kann sie schon nach kurzer Zeit keinen klaren Gedanken mehr fassen. Sie wäre wirklich entspannter, wenn sie ein bezahl- und bewohnbares Zimmer fände!

*

Die Klausur hat sie versemmelt. Nach der Uni wirft Wilma zwei Kopfschmerztabletten ein und geht zur Arbeit. Der Putzwagen lässt sich heute doppelt so schwer schieben und der Wischmopp fühlt sich an, als hätte sie versehentlich nach Mr. Oberarms Hantelstange gegriffen. Lustlos klatscht sie den Mopp aufs Linoleum. Hinter ihr knarrt die Tür zum Gang.

„Oh, ich komme ungelegen!"

Wilma dreht sich um und muss sich zu ihrer eigenen Überraschung ein Lachen verbeißen. Ein riesiger rothaariger Paketbote, vom Format her ein Preisboxer, trippelt wie eine Ballerina auf Zehenspitzen über den nassen Boden. In den Pranken balanciert er einen großen Karton.

„Für Frau Plappert, richtig?", platzt Wilma heraus.

„Für wen sonst?", erwidert der Mann fröhlich. Er hopst auf die Fußmatte vor Frau Plapperts Wohnung und klingelt. Sekunden später wird die Tür geöffnet.

„Ach, Herr Fuchs, wie schön!"

Statt nur des Pakets verschwindet gleich der ganze Zusteller wie angesaugt in der Wohnung. Wilma sieht verblüfft zu, wie die Tür hinter ihm ins Schloss fällt.

In den nächsten Minuten drückt sie sich auf dem Flur herum. Wischt ihn einmal, zweimal. Was macht der Paketbote denn so lange bei der alten Schachtel? Sie hat ihren dritten Durchgang schon fast beendet, da erst kommt der Mann wieder aus der Wohnung. Gehorsam stellt er sich auf die Zehenspitzen, um seine groteske Tanznummer von eben zu wiederholen. Dann sieht er Wilma an und fällt zurück auf die Sohlen.

„Ich halte jeden Tag ein kleines Schwätzchen mit Frau Plappert", erklärt er.

Wilma läuft rot an. Kann der Typ Gedanken lesen?

„Ich habe meine Route so eingerichtet, dass Frau Plappert die letzte Station des Tages ist. So habe ich ein paar Minuten Zeit für sie. Sie freut sich immer so!"

„Man könnte meinen, sie bestellt den ganzen Kram nur, damit sie Besuch bekommt", erwidert Wilma.

Der Paketbote lächelt wie eine Ziehharmonika. „Genauso ist es. Sie ist einsam, möchte aber niemandem zur Last fallen. Also bietet sie dem Zusteller höflicherweise ein Tässchen Kaffee an. Und den trinkt man ja nicht schweigend, nicht wahr?"

„Es wäre billiger für Frau Plappert, wenn sie der Putzkraft ab und an auch einen Kaffee anbieten würde", überlegt Wilma laut.

„Da haben Sie natürlich recht. Arbeiten Sie den ganzen Tag hier?"

„Nein, nur abends nach der Uni. Und wahrscheinlich auch nicht mehr lange. Ich brauche ein neues WG-Zimmer, das kann ich mir mit dem Job hier aber wohl kaum leisten."

Wilma verstummt. So redselig ist sie sonst nie gegenüber einem Fremden. Der freundliche Paketbote hat sie kalt erwischt.

„Es gibt für alles eine Lösung", orakelt er und schickt sich erneut an, auf seinen Stiefelspitzen zu balancieren. „Die Lösung für Sie steht übrigens unten am Schwarzen Brett. Auf Wiedersehen!"

Leichtfüßig, wie Wilma es einem solch massigen Wesen niemals zugetraut hätte, schwebt der Paketbote über den nassen Boden, als wäre er Jesus, der übers Wasser wandelt. Sie sieht ihm nach, bis er durch die Glastür im nächsten Gang verschwunden ist, und schüttelt verwundert den Kopf. Als sie wenige Augenblicke später durch eines der Flurfenster das Paketauto davonfahren sieht, schlittert sie in ihren Gummilatschen über den glitschigen Boden und stürmt die Treppe hinunter ins Foyer zum Schwarzen Brett, dem sie sonst nie Beachtung schenkt. Was hat der Mann nur gemeint?

Sie überfliegt die vielen Aushänge zu Pflegediensten,

Senioren-Yoga und Bingo-Abenden, bis sie einen unauffälligen Zettel entdeckt: Studentisches Wohnprojekt. Ab dem neuen Jahr sucht der Träger des Seniorenstifts Studentinnen und Studenten, die zu günstiger Miete in der Anlage wohnen und im Gegenzug den Bewohnern zur Hand gehen. Und es sind noch Plätze frei!

Wilma atmet durch. Sie hat das Gefühl, dass der Paketbote ihr gerade ein riesiges Weihnachtsgeschenk gemacht hat. Sie fotografiert den Aushang mit ihrem Handy ab. Es wäre doch gelacht, wenn nicht nur sie im kommenden Jahr reichlich Geld spart – sondern mit ihr zusammen auch Frau Plappert!

RÜDIGER JOPE

Die Weihnachtslaterne

Die Weihnachtslaterne. Im Haus meiner Eltern. Sie leuchtet. Auch nach 40 Jahren.

Sonntagnachmittag. Opa steht mit seinen zwei großen Enkeln im kahlen, kalten Pausenraum der Lehrlinge über der Schlosserwerkstatt. Auf dem Tisch, picobello ausgelegt, ein Bausatz „Traditionelle erzgebirgische Laterne ‚Engel und Bergmann'", zudem Laubsägen, Schraubzwingen, Papier und Farbe. Geheime Weihnachtswerkstatt.

Es wird gezeichnet, gesägt, geschliffen, geschimpft. Der Meister dient den Anfängern. Opa hat vier Hände. Er wechselt zerbrochene Laubsägeblätter aus. Befreit die klemmende Säge. Führt unsere Hände durch die filigranen Passagen. Flickt mit Leim, wenn wir uns versägen. Bepflastert die mit Blasen übersäten Finger. Opa behält den Überblick, hat die Laterne bereits vor Augen, während wir uns schwitzend von Stern zu Stern kämpfen. Opa ermutigt uns mit Engelsgeduld: Ihr schafft das! Das wird gut! Das wird was! Komm mach weiter! Schön gemacht! In den Pausen serviert Oma Apfelschnitze und gelbe Limo. Wir folgen Opa auf den Dachboden. Dort liegen ausgebreitet Walnüsse zum Trocknen. Opa knackt sie uns. Dann wird wieder abgepaust, gebohrt, gesägt, entgratet, geschliffen.

Feierabend. Die Schinderei hat ein Ende. Das Chaos wird zurückverwandelt. Kehren. Wegräumen für die nächste Schicht. Alles hat seine Ordnung. Die krümelige Handwaschpaste zerfließt unterm Wasserhahn. Dann sitzen wir mit roten Backen in der guten Stube. Die Pumpe des Springbrunnens surrt. Auf der Pyramide rennt der Jäger dem Reh hinterher. Heißer Kakao. Selbst gebackene Plätzchen. Im Westfernsehen läuft „Die Rote Zora". Opa steht hinter dem Farbfernseher im „Tal der Ahnungslosen". Seine Hände führen die Antenne. Drei Minuten klares Bild. Dann plötzlich Grieseln. Oma ruft: „Hans, mehr nach rechts!" „Hans, die Zora ist weg!" Russische Funksprüche überlagern die Serie. Opa schwitzt. „Hans, mehr nach links." Die Zora taucht wieder auf, verschwindet hinter einem Nachrichtensprecher. „Mehr nach oben Hans!" Millimeterarbeit. Bild weg. Bild da. Wir sitzen wie gefesselt auf dem Sessel.

Nach der Sendung schiebt Opa wie üblich die gläserne Schiebetür zum anderen Teil des Wohnzimmers beiseite. Da drin: ein Esstisch, ein Sofa und ein großer Holzschreibtisch. Auf diesem steht ein Globus und auf einer wuchtigen Platte aus Glas. Darunter bunte Postkarten mit Ansichten aus dem kapitalistischen Ausland. Sehnsuchtsorte. Weit weg. Unerreichbar. Wir sitzen gebeugt über der Glasplatte. Mal wieder. Fasziniert. Weite schnuppern. Träumen. Nachbohren. Berlin Gedächtniskirche. Beethovenstadt Bonn. Wien Stephansdom. Fulda Orangerie. Kassel Herkules. Paris Eiffelturm. Die Zugspitze. Meine heimliche Lieblingskarte: Trier Porta Nigra. Älteste Stadt Deutschlands.

47 Jahre später. Ich lehne an der Porta Nigra, dem 2000 Jahre alten Gemäuer. Ich bin gerührt und ergriffen. Ich wische mir ein paar Tränen aus den Augen. Ein Kindheitsmoment ploppt auf. Ich höre mich Opa fragen: Können wir das römische Tor einmal gemeinsam besichtigen? Nach Trier fahren? Schweigen. Ich schau ihm ins Gesicht. Spüre Schwere. Opa ringt, antwortet zögernd: „Ich in 7 Jahren, du hoffentlich nicht erst mit 65 Jahren." Trier atmet etwas von der Reise zum Mond.

Ein Januarsamstag 2023. Hinter mir „der Mond" meines Kindheitstraums. Die Porta Nigra. Nicht mehr hinter Glas auf dem Schreibtisch und durch eine Mauer abgeschottet. Nicht mehr nur sehnsuchtsvoll bewundert, sondern in Stein gewordene Wirklichkeit. In echt gesehen, bestaunt, beschritten, betastet, umrundet. Mit den eigenen Kindern. Während sie unbekümmert ihre Smartphones zücken, lehne ich mich unendlich dankbar an. Worte aus Psalm 126 klingen in mir an: „Und sie werden sein wie die Träumenden. Da füllte Lachen unseren Mund und Jubel löste uns die Zunge". Still genieße ich den heiligen Moment, das Reisewunder und schicke Opa flüsternd ein Herz und ein „Manchmal dauern Wunder etwas, aber ich bin da. Mit 53!" in den Himmel.

Nach dem Basteln und den „Ausflügen" per Postkarte stehen wir Kinder auf der Schwelle zum Schlafzimmer. Oma steigt auf einen Hocker. Sie holt DIE Blechkiste vom Schrank. Sie klappt DEN Deckel auf. Milka. So riecht für mich der Westen. Paradies statt Versuchung. Vier süße Stückchen. Kinderhimmel. Auf dem Heimweg. Meine Zunge sucht zwischen den Zähnen die zarten Reste.

Sie wurde DIE Weihnachtslaterne. Im Haus meiner Eltern. Sie leuchtet. Auch nach 40 Jahren. Mit Kopfkino. Schmeckt nach Sägemehl und Äpfeln. Riecht nach Handwaschpaste, kalter Schlafzimmerluft, Postkarten unter Glas, Milka und dem Westen. Hört sich an wie die „Rote Zora" und ein „Hans, mehr nach links!" Und sie flüstert mir zu: Du bist einzigartig, wertgeschätzt und geliebt!

DANKE Oma & Opa in den Himmel für die geschenkten Sonntagszeiten!

Rebecca Dernelle-Fischer

Weihnachten zu Hause

„Oma Elena!" Mila rennt ihrer Großmutter entgegen, küsst sie herzlich auf die Wangen und sagt: „Oma Elena, erzähl mir bitte noch mal von deinem ersten Weihnachten in Deutschland!"

Oma Elena räuspert sich. „Meine Wigilia im Krankenhaus?" Milas Augen weiten sich und sie nickt. „Ja, bitte, die Weihnachtsfeier im Krankenhaus." „Schon gut. Komm, lass uns in die Küche gehen. Ich muss noch die Kartoffeln vorbereiten."

Am Küchentisch sitzend fängt Oma Elena an mit ihrer Geschichte. Mila hört zu, verträumt und ein bisschen in die Vergangenheit versetzt.

Oma Elena erzählt von damals, als sie eine junge Frau war, frisch aus Polen in Süddeutschland angekommen, mit viel Hoffnung und Mut im Gepäck. Sie hatte schnell eine Arbeitsstelle im örtlichen Krankenhaus gefunden und in ein paar Monaten wirklich viel gelernt. Sie beherrschte die deutsche Sprache immer besser.

Ihre stets fröhliche und schwungvolle Art hatte alle Herzen im Nu erobert und ihr Lachen hörte man auf der ganzen Station. Aber dann rückte die Adventszeit näher und Elena wurde immer trauriger, als ob ihr inneres Licht am Erlöschen wäre. Sie vermisste ihre Familie, ihr Land, ihre Traditionen. Sie hatte Heimweh und ihr schallendes Lachen wurde schwacher und leiser. Und davon erzählt Elena ihrer Enkelin wieder – 40 Jahre später:

„Ich mochte meine Arbeit wirklich und ich liebte die Kollegen und die Patienten. Aber meine Familie fehlte mir auf einmal so sehr. Ich vermisste die Adventszeit in Polen. Und ich wusste, dass es dieses Jahr für mich kein Familienfest geben würde; keine Lieder bis tief in die Nacht; kein Festessen, keinen Tisch mit einem leeren Platz für die einsame Person, die an die Tür klopfen könnte. Keine Pasterka um Mitternacht, die Hirtenmesse, die ich bis dahin nie verpasst hatte.

Ich fühlte mich allein und fremd, nicht wirklich von hier und nicht mehr wirklich dort. Langsam machten sich meine Kollegen und Patienten Sorgen. Ich sah erschöpft aus und war schweigsam wie nie zuvor. Und ich übernahm so viele Schichten, wie es nur ging, um bloß nicht an mein Heimweh zu denken. Sogar für die Nachtschicht an Heiligabend hatte ich mich freiwillig gemeldet. Mein Herz wurde schwer wie Stein und es war nichts mehr übrig von der mutigen, fröhlichen Elena.

Eines Tages fragte mich meine Chefin: ‚Elena, was ist mit dir los? Du wirst jeden Tag blasser, leiser, fast durchsichtig! Es ist, als ob du lieber woanders wärst.' Da konnte ich meine Tränen nicht mehr halten und weinte in den Armen meiner Chefin, in diesem Krankenhaus weit weg von meiner Heimat. Sie hielt mich fest und fragte, ‚Heimweh?', und ich nickte nur. ‚Wegen Weihnachten?' Alle Tränen, die sich angesammelt hatten, flossen ununterbrochen. Meine Chefin wartete, bis ich mich beruhigt hatte. Dann schaute sie mir in die Augen und sagte: ‚Elena, wenn du sehen könntest, wie viele Menschen dir helfen möchten. Du bist nicht allein. Du bist uns wichtig. Viele von uns kennen das Gefühl, irgendwo zu sein und das Herz woanders zu haben. Frag unseren Oberarzt; Herrn Klaus von Zimmer 324 oder sogar Hannes, den jungen Koch. Vielleicht hilft es dir, darüber zu reden? Frag mal die anderen, woher sie kommen, was sie erlebt haben! Rede über deine Geschichte, dein Land, über dein Weihnachten in Polen!'"

„Und, hast du das gemacht, Oma Elena?"

„Oh, ja, mein Kind, und es war so gut. Ich öffnete meine Augen und meine Ohren endlich ganz weit, und mein Herz auch. Ich fasste Mut und fragte, hörte zu und ich fing an, langsam wieder meine eigenen Worte zu finden. Ich blieb manchmal länger im Krankenhaus, um mit Patienten zu reden. Ich verweilte immer wieder in der Küche. Hannes, der Koch, war aus Norddeutschland und meinte: ‚Ob ich etwas von Heimweh verstehe? Und wie! Ich fühle mich ja auch immer wieder ein bisschen fremd hier, als Reingeschmeckter, wie sie hier sagen.' Es waren so viele Geschichten: von Freundschaften; von Lebenswegen; vom Mut, sich neu zu erfinden; von Kompromissen; von alten und neuen Traditionen. Es waren Worte voller Hoffnung und es war Trost für mein Herz." Elena legte ihre Hand auf ihr Herz und sagte: „Dein Herz, Mila, dein Herz ist so wertvoll. Lass es nicht hart wie Stein werden! Lass es atmen, lieben, hören, lachen – und hoffen! Lass es sanftmütig sein!" Und Mila fragte, wie jedes Mal: „Aber Oma, sanft und mutig, geht das denn zusammen?" Elena flüsterte einfach leise: „Es geht am allerbesten: sanft und mutig!"

„Jetzt kommt mein Lieblingsmoment!" „Ach, Mila, du kennst die Geschichte ja auswendig! Also, die Tage vergingen jetzt wie im Flug und ich fühlte mich nicht mehr so allein. Immer wieder erzählte ich von unserem Weihnachtsfest in Polen. Der Koch wollte alles über die 12 Gerichte an Heiligabend wissen. Unser Oberarzt, der Musik über alles liebte, fragte mich nach den schönsten Kolenden – den polnischen Weihnachtsliedern – und Herr Klaus, der ehemalige Pfarrer, wollte alles über die Mitternachtsmesse erfahren." Mila lachte herzlich. „Und du hast dir nichts dabei gedacht?" „Gar nichts, bis ..." Schwungvoll übernimmt Mila die Erzählung wieder: „Bis am Heiligabend! An dem Abend haben manche Patienten dir keine Zeit zum Sitzen gelassen. Einer nach dem anderen haben sie geklingelt." „Genau so war es, Mila! Ich war im Herzen bei meiner Familie, aber es gab gar keine Zeit zum Traurigsein: Ich wurde hier gebraucht!" Mila lächelt. „Und dann, um Mitternacht, hörtest du einen Klang." „Ja, aus der hintersten Ecke im Gang, da, wo die Patienten und ihre Familien gern miteinander saßen. Eine Geige spielte kraftvoll das Lied ‚Bóg się rodzi'." Elena schließt die Augen. Eine kleine Träne kullert. Sie flüstert: „Macht wird schwach, Gott wird geboren. Herr der Welt liegt ohn' zu glänzen. Licht des Feuers wird festgefroren. Der Unendliche hat Grenzen. Ehre ist verachtet worden. Sterblich wird, der ewig thronet und das Wort ist Leib geworden und hat unter uns gewohnet."

„Meine Mila, es war so schön! Unser Oberarzt spielte Weihnachtslieder. Vor ihm stand eine bunte Sammlung von Notenblättern. Immer mehr Patienten nahmen Platz und feierten mit uns. Überall leuchteten bunte kleine Lichter und in der Ecke entdeckte ich Frau Ludwigs künstlichen Weihnachtsbaum. ‚Der war doch vorher noch in ihrem Zimmer.', dachte ich. Ihr Ehemann hatte ihn vor ein paar Tagen installiert und liebevoll mit ihr geschmückt. Jetzt saßen beide da, Hand in Hand, und sangen fröhlich mit."

„Und dann, Oma, dann stand Herr Klaus auf. Im Talar! Er hielt eine Hirtenmesse für dich, da im Krankenhaus – anders als in Polen, aber einmalig schön! Am Ende saßt ihr alle da, ganz müde und ganz glücklich, als der Oberarzt noch einmal ‚Stille Nacht' auf seiner Geige spielte. Herr Klaus sagte dir liebevoll ins Ohr: ‚Es ist so schön, dass du da bist, liebe Elena! Es ist so schön, wenn du lachst, und ich finde es schön, dass wir heute Abend ein Stück Heimat für dich wurden."

Als Mila diese Worte langsam sagt, bricht ihre Stimme ein wenig. Sie legt ihren Kopf gegen die Schulter ihrer Großmutter: „Oh ja, Oma, es ist so schön, dass du da bist."

Nur kurz ist sie still und fragt dann noch neugierig: „Übrigens, Oma, was war nach der Feier?"

Oma Elena lächelt, ein bisschen verlegen. „Ich hatte den ganzen Abend nichts gegessen und als ich endlich in unsere kleine Mitarbeiterküche kam, hatte Hannes, der Koch, den Tisch gedeckt und ein Festmahl vorbereitet. Er sagte freundlich: 12 Gerichte und 3 Plätze: einen für dich, einen für mich und einen ... für den einsamen Menschen, der an die Tür klopfen könnte."

Mila kreischt vor Freude und sagt: „Und so wurde der Koch zu deinem lieben Hannes ... meinem Opa Hannes!" Elena nickt fröhlich und aus der anderen Ecke der Küche hört man Opa Hannes schniefen. Er wischt sich die Tränen aus den Augen und schimpft vor sich hin: „Mensch, immer diese verflixten Zwiebeln!"

Später am Tag hörte man noch die Lieder erklingen: Lieder und Stimmen von Menschen, die eines Tages, füreinander, Heimat geworden sind.

Susanne Ospelkaus

Der Augenblick

Der Glockenklang vom Turm der kleinen Kapelle schwappt in die Räume der Seniorenresidenz Herbstlust. Er versickert in den Zimmern auf der Pflegestation, er tröpfelt durch die Speisesäle, er lockt die Bewohnerinnen zur Andacht.

In der Herbstlust leben ehemalige Rotkreuzschwestern. Die Tatkraft steckt ihnen in den Knochen und Fürsorglichkeit weht durch ihre Seele. Oft werden die alten Damen von ihren Erinnerungen an Kriegsdienste eingeholt. Sie standen alle an der Front in Russland oder Frankreich oder Nordafrika.

Manche suchen die Zerstreuung und andere das Miteinander. Manche erlauben den Erinnerungen, die Gegenwart zu füllen, andere sind im Jetzt verankert so wie Berta. Die alte Dame lebt mit den Jahreszeiten und dem Kirchenjahr. Dabei könnte sie hadern mit ihrem Lebensweg. Sie wollte nie eine Rotkreuzschwester, sondern immer Sennerin sein.

„Des wor hoid so. Da Voata hod des wollt."

Berta könnte so viele Geschichten erzählen über ihre Kindheit auf der Alm, die Jugend in München, die Zeit an der Afrikafront als Krankenschwester oder über ihr Arbeitsleben als Gemeindeschwester im Chiemgau.

„Des is ned wichtig", winkt sie ab. Sie behauptet, nichts sei so real wie der Moment. So philosophiert sie über die Zeit und den Moment. Sie redet, auch wenn ihr niemand antwortet.

„Du bist mei besta Zuahöra", sagt sie zu Josefine. Fine nickt.

Seit über 70 Jahren kennen sich die Frauen und könnten unterschiedlicher nicht sein. Berta, die Walküre. Fine, die Fee. Berta aus Oberbayern. Fine aus Berlin. Berta in der Gegenwart. Fine in der Vergangenheit. Gemeinsam laufen sie über die Flure der Herbstlust. Es ist ein Spaziergang in Zeitlupe. Berta ist unendlich langsam und Fine ist es egal, wie lange etwas dauert. Sie hat jedes Zeitgefühl verloren.

„Lauschst, die Glocke?" Berta greift Fines Hand. „Sie singan Liada über die Muatta Gottes. Kimm mit."

Fine legt ihren Arm in Bertas Ellenbeuge. Als Paar schlurfen sie über den Gang, die große Berta und die kleine Fine. Sie folgen dem Glockenklang, dem Geruch nach Kerzenwachs und den Liedern bis hinein in die Kapelle der Herbstlust.

Der Herr Pfarrer stimmt an, die alten Damen setzen ein. Nur die wenigsten finden den richtigen Ton, weil sie nicht mehr richtig hören oder weil ihre Stimmen brüchig sind. Nach jeder Strophe gibt es ein Räuspern und Husten. Der Pfarrer singt die vierte Strophe. Eine Dame im Rollstuhl krächzt die dritte und Berta setzt mit der ersten wieder ein.

„De mog i am liabsten", flüstert sie Fine zu und schmettert: „Es ist ein Ros entsprungen …"

Und der Herr Pfarrer singt: „… welches uns selig macht."

Fine singt nicht. Wie ein Kind hockt sie neben Berta und schlüpft mit ihren Gedanken in die Vergangenheit. Lieder, Wärme, Glocken. Kinderlachen, Kerzen, Zimt.

*

Heute ist Weihnachten. Ich habe ganz genau gezählt, so wie ich alles zähle, seit ich in der Wüste bin.

Es ist der 24.12.1943. Ich bin 22 Jahre alt. Wir befinden uns 6 Tage Fußmarsch südlich von Tripolis. Seit 332 Tagen lebe ich beim Wüstenvolk der Amazigh. Ich hätte es nie für möglich gehalten, doch ich fühle mich in ihrer Gemeinschaft wohl. Hier herrscht kein Folgegehorsam, kein Gerede über Vaterlandsliebe und weiblicher Aufopferung für das deutsche Volk. Hier bin ich unter Menschen, die friedlich in der Abgeschiedenheit der Wüste leben.

Ich dachte, dass es an Heiligabend besonders schlimm sein wird, dass mich das Heimweh schreddert, dass ich die alten Kirchenlieder vermissen werde und meine Familie und Berta und den Schnee. Ja, ich vermisse sie auch alle, aber eher wehmütig statt schmerzlich.

Ich bin hier und kann nicht weg, aber irgendwann … irgendwann wird der Krieg zu Ende sein.

Des is halt so, würde meine liebe Berta sagen, und solange des so is, versuche ich hier zu leben. Die Amazigh meinen es gut mit mir. Die Frauen in ihren bunten Gewändern und den Tätowierungen im Gesicht kümmern sich um mich. Die Kinder hopsen um mich herum und möchten spielen. Sie schnipsen mit ihren Fingern und ich weiß, dass sie mit mir Murmeln spielen wollen. Wir hatten lange nach runden Kieseln gesucht. Ich kam mir blöd vor, dass ich in einer Wüste nach runden Steinchen suchte. Doch wenn man nur lange genug ins Geröll schaut, entdeckt man welche. Der Wind hat die Steine so lange über Felsen geschoben, bis sie blank und rund sind.

Ich lege meinen Finger auf die Lippen und deute den Kindern, dass sie aufpassen sollen. Heute ist Weihnachten. Ich habe ein buntes Tuch vor meinem Zelt ausgebreitet und eine Kerze darauf gestellt. Auf einem silbernen Schälchen liegen Zimt und Nelken. In einem Flakon steht Öl. Ich erzähle den Kindern von den drei Weisen aus dem Morgenland und ihren besonderen Geschenken. Ich mühe mich mit der fremden Sprache, doch die Kinder rümpfen ihre Nase und kräuseln ihre Stirn.

Ich frage, ob sie mich nicht verstehen. Doch, sie nicken. Ich erzähle weiter und spüre, dass sie sich langweilen. Endlich begreife ich. Das, was für mich so exotisch klingt, ist für sie normal. Zimt, Nelken, Myrrhe. Da müsste ich schon Gold zeigen, um sie neugierig zu machen. Ob ich ihnen mein liebstes Weihnachtslied vorsinge?

„Es ist ein Ros entsprungen
aus einer Wurzel zart,
wie uns die Alten sungen,
von Jesse kam die Art."

Inzwischen kann ich die Langweile der Kinder fast greifen. Erst jetzt fällt mir auf, wie behäbig das Lied ist – schwerfällig wie eine alte dicke Frau.

„Möchtet ihr Musik machen?", frage ich.

Der Junge klatscht so geschickt und schnell auf seine Oberschenkel, dass jeder Schuhplattler in Oberbayern neidisch werden würde. Das Kleinkind patscht in seine Hände und ich singe einfach weiter.

Ich packe die alten orientalischen Verse in die Wüstenmusik der Amazigh. Eigentlich ist hier der Prophet Jesaja gut aufgehoben.

„Das Blümlein, das ich meine,
davon Jesaja sagt,
hat uns gebracht alleine
Marie, die reine Magd ..."

Ein Mädchen hält eine Gakpavi in der Hand und schlägt mit einem Stöckchen gegen die zwei Glocken. Es sind hohe Töne. Sie klingen wie Kinderlachen.

Mein Liedchen wird immer schneller und befreit sich von seinem deutschen Dichter, löst sich aus dem 16. Jahrhundert, entflieht dem bitterkalten und dunklen Winter Mitteleuropas.

„ ... aus Gottes ewgem Rat
hat sie ein Kind geboren,
welches uns selig macht."

Berta würde mich schimpfen, dass ich das würdevolle Weihnachtslied verunstalte. Ich höre ihre tiefe Stimme mit ihrer breiten bayrischen Mundart. „Des geht doch ned!" Und da muss ich lachen. Ich stehe auf und tanze mit dem Mädchen, das die Gakpavi schlägt. Jetzt klingt das Lied so, wie es klingen müsste, wenn über Gott und Heiland und Hoffnung gesungen wird. Es klingt fröhlich und lebendig. Das Mädchen reicht mir die Gakpavi. Eine große und eine kleine Glocke sind mit einem Bügel miteinander verbunden. Mutter-Kind-Glocke oder Ein-Kind-wird-auf-dem-Rücken-Getragen, so nennen die Amazigh die Glocke. Ich drehe das Instrument in meiner Hand. Ein Kind wird getragen?

Berta singt so gern den Vers, der nur in den katholischen Gesangbüchern steht: „Aus Gottes ewgem Rat hat sie ein Kind geboren und bleibt doch reine Magd."

Die Mutter und das Kind. Die Gottheit und Jesus. Der Hoffnungsglaube und Weihnachten.

Wir drehen uns im Kreis. Ich tanze zu einem Weihnachtslied. Das habe ich noch nie gemacht. In Deutschland saß ich steif und frierend auf der kalten Kirchenbank, kuschelte mich an meine Eltern oder an Berta. Heute tanze ich und hoffe zugleich, dass ich Weihnachten wieder in meiner Heimat erleben darf.

Die Gakpavi tönt. Der Junge klatscht. Kinder lachen. Viele Stimmen jubeln in meiner Seele.

*

Das Glockengeläut füllt die Kapelle der Herbstlust. Die warmen Töne streicheln die Haut und summen im Brustkorb. Für manche der alten Damen ist es ein Signal, um aufzustehen. Für andere ein Zeichen, um innezuhalten und für viele ein Klang, der Erinnerungen weckt.

Berta und Josefine sitzen regungslos auf ihren Plätzen. Berta schaut auf den Adventskranz auf dem Altar. Josefines Kopf ruht an ihrem Oberarm.

„Finchen? Träumst du?"

„Nein."

„Was sonst?"

„Ich erinnere mich."

„Ist's schee?"

„Ja."

„Dann passt's scho. Nix is so wichtig wia da Augnblick."

Die Geschichte ist inspiriert von dem Roman „Die Gewandnadel" (S. Ospelkaus)

JÖRG KAILUS

Die Vergessenen

Eine Weihnachtsgeschichte aus dem 19. Jahrhundert

„Also, ich weiß nicht, Herr Pastor …" Der dicke Küster Schmitz wackelte sorgenvoll mit dem Kopf, was seiner spiegelnden Glatze im Kerzenschein zu interessanten Reflexionen verhalf. Die Probe für das Krippenspiel war vorüber und Schmitz löschte noch die letzten Lichter, während die Darsteller, Maria und Josef, die Hirten und die Heiligen Drei Könige, schon den Kirchenraum durch die Sakristei verließen. Der Pastor ging in Richtung Haupteingang. „Wollen Sie wirklich da hinausgehen? Also Ihr Vorgänger – Gott hab ihn selig! –, der hat das ja nie gemacht." Der junge Pastor blickte dem älteren Mann ernst ins Gesicht. „Nun, dann wird es ja höchste Zeit."

Die beiden standen im Altarraum der kleinen evangelischen Kirche am Rande der großen Stadt. Für Jahrhunderte war das hier eine Dorfkirche gewesen, und die Mentalität der Kirchenbesucher hatte sich nicht sehr verändert. Die Welt um sie herum aber schon. Die Industrie war gekommen und die nahe Stadt war aus allen Nähten geplatzt. Die umliegenden Dörfer waren eingemeindet worden, während am Stadtrand Schlote und Fabrikhallen in den Himmel wuchsen. Wo sich früher Felder und Weideland erstreckten, lag nun ein endloses Industriegebiet, umwuchert von den Baracken und Mietskasernen für die Arbeiterfamilien. Im Dorf, pardon: in dem Stadtteil, in dem die Kirche stand, ließen sich diese Zugezogenen aber nicht blicken, obwohl die Wohnblöcke jenseits der verbliebenen Felder nun schon seit einer Generation mit zur Pfarrei gehörten. Die Alteingesessenen wollten, dass es auch möglichst so blieb. Diese Arbeiter hielten doch eh nichts von der Kirche. Ein ungehobeltes, versoffenes Pack mit lockeren Sitten. Die waren doch nicht wie wir, nicht wie anständige Leute. Wo kamen die überhaupt her, und warum wurden es immer mehr? So dachten viele. Aber solches Geschwätz kümmerte den jungen Pastor nicht. Die Leute im Arbeiterviertel gehörten zu seiner Gemeinde, und er würde sich nicht vor dem Antrittsbesuch drücken.

Er überquerte den alten Dorfplatz mit dem großen, festlich geschmückten Tannenbaum und blickte auf die umgebenden Fachwerkhäuser. Da war kaum ein Haus, in dessen Fenstern heute Abend keine Adventslichter brennen würden. Er ließ das alte Dorf hinter sich und näherte sich dem Industriegebiet, fühlte sich immer mehr in eine unwirkliche Kulisse versetzt, wie in einem Gemälde von Hieronymus Bosch. Das Tageslicht fiel hier durch einen Schleier von Rauch und Ruß, der unaufhörlich aus ungezählten Schloten ausgestoßen wurde, die sich an die massiven Fabrikhallen lehnten, in denen gewaltige Maschinen wummerten. Stahlwerke, Kokereien, vereinzelte Fördertürme, Halden. Es war, als würde ein schmutziggrauer Berg vor ihm aufragen, ein Berg von Menschenhand gemacht, in dessen Innerem das Herz einer neuen Zeit schlug. Er betrat das Wohnviertel der Arbeiter, einige kleinere Häuser, hier und da eine alte Bauernkate, aber vor allem mehrstöckige Miethäuser unter der Dunstglocke der Fabriken. Der wenige Schnee in den Höfen ebenso von dem allgegenwärtigen Ruß bedeckt wie die Wäsche, die die Arbeiterfrauen in sturem Trotz und in der Hoffnung auf ein paar verirrte Sonnenstrahlen zum Trocknen aufgehängt hatten. Die wenigen Menschen, denen er begegnete, wirkten ebenso grau und abweisend wie die Umgebung. Dem Pastor sank ein wenig das Herz. Die meisten Männer waren jetzt noch zur Schicht in ihren Fabriken und Kohlegruben.

Der Pastor betrat eine der Mietskasernen und bestieg eine Treppe, deren einstmals rote Farbe fast gänzlich abgescheuert war. „Zu wem wollen Sie?", schnarrte ihn eine krächzende Stimme von der Seite an. Eine alte Frau mit einer Schürze und strähnigen, grauen Haaren starrte ihn durch eine halb offene Tür an. Als er näher kam, hellte sich ihr Gesicht auf. „Oh, Hochwürden, ich wusste nicht …" Ihr breiter Akzent klang fremdartig. Sie kam wohl irgendwo aus dem Osten. „Kommen Sie doch herein, Hochwürden! Lukasz ist gerade nicht da – mein Mann, wissen Sie …" „Tut mir leid, gute Frau, ich bin nicht der katholische Pfarrer", versuchte der junge Pastor einzuwerfen, aber die Alte redete mit hoffnungsvoller Miene weiter. „Wissen Sie, zu Hause in unserem Dorf haben wir uns immer zur Kirche gehalten. Aber es gab keine Arbeit. Und jetzt leben wir seit acht Jahren hier und Sie sind der erste … Was sagen Sie? Sie sind nicht …" „Nein, ich komme von der evangelischen Gemeinde. Aber im Dorf gibt es auch eine katholische Kirche. Vielleicht wollen Sie …" Die Miene der alten Frau verdüsterte sich wieder. „Vergessen. Also haben sie uns doch vergessen." Sie schloss traurig ihre Tür. Die nächste Wohnungstür, an die er klopfte, öffnete sich erst gar nicht. „Mach, dass du wegkommst!", dröhnte eine betrunkene Männerstimme von drinnen. „Wir wollen hier keine Pfaffen!" Im Hintergrund weinte ein Baby.

Dafür öffnete sich die Tür gegenüber einen Spaltbreit. Ein kleiner Junge lugte neugierig nach draußen. „Hallo Kleiner, sind deine Eltern zu Hause? Ist eure Familie evangelisch?" Der Junge war mager und etwas verdreckt, war aber keineswegs auf den Kopf gefallen. Er antwortete ohne Zögern. „Meine Eltern sind evangelisch, aber jetzt ist grad nur der Herr Schaluppke da. Ich glaub, Sie kann ich hereinlassen." Der Junge öffnete die Tür ganz und der Pastor betrat die kleine Wohnung. Es waren nur zwei Zimmer, eine kleine Küche und ein Schlafraum, aus dem gerade ein durchdringendes Schnarchen zu hören war. „Das ist der Herr Schaluppke, der hat bei uns tagsüber ein Bett gemietet, weil er immer Nachtschicht hat. Aber von der Kirche hält der nichts. Ich bin übrigens der Ernst." „Sag mal, Ernst, wann kommen denn deine Eltern wieder?" „Mein Vater ist immer erst da, wenn es dunkel wird. Meine Mutter kommt etwas früher, um das Essen zu machen, und die Henriette, das ist meine Schwester, die ist meistens bis nach Mittag in der Schule. Da kann ich nächstes Jahr auch hin." Ernsts Augen leuchteten. „Ernst, kannst du deinen Eltern ausrichten, dass ich morgen Abend bei euch vorbeikomme? Wenn sie einverstanden sind, könnten deine Schwester und du in unserer Gemeinde zur Sonntagsschule gehen." Der kleine Ernst lächelte. „Wär klasse, glaub ich." Der Pastor hatte eine Idee. „Wie wäre es, wenn du am Heiligabend bei unserem Krippenspiel mitmachen würdest? Wir könnten noch einen Hirtenjungen brauchen, und du müsstest auch gar nichts sagen." Der Kleine zeigte ihm ein breites Grinsen, das keine Zahnlücke zunichtemachen konnte. „Au ja!"

Als der Pastor wieder auf dem Flur stand, war ihm etwas zuversichtlicher zumute. Er würde diesen Teil seiner Gemeinde nicht vergessen. Für Menschen wie Ernst und seine Eltern war in seiner Kirche immer Platz – nicht nur am Heiligen Abend.

Brigitte Rath

Fürchtet euch nicht!

Seit einigen Wochen probten der Jugend- und der Kinderchor für das Weihnachtsmusical „Eine geheimnisvolle, wunderbare Nacht". Nina sang den Solo-Part als Verkündigungsengel. Natürlich schmeichelte es ihr, dass Kristin, die Chorleiterin, sie dafür ausgesucht hatte.

Zunächst hatten sie im Gemeindehaus geübt. Jetzt, zwei Tage vor der Aufführung, standen sie zum ersten Mal im Altarraum der großen Kirche. Lea begann mit dem Intro auf dem Klavier. Nina fiel ein mit ihrem Anfangslied: „Fürchtet euch nicht!"

Hier in der Kirche klang alles ganz anders als im Gemeindehaus. Da war alles klein und gemütlich gewesen. Hier unter den hohen Bögen des Kirchenschiffs hallte jeder Ton nach. Nina sah sich um und plötzlich befiel sie eine leichte Beklemmung. Die Kirche war riesig! Und noch dazu würde an Heiligabend jeder Platz auf den Kirchenbänken besetzt sein. Sie musste schlucken – auf was hatte sie sich da eingelassen?

Schnell schüttelte sie diese Gedanken von sich ab. Darüber wollte sie erst einmal überhaupt nicht nachdenken.

Als sie abends im Bett lag, fiel ihr die Situation in der Kirche wieder ein. Sie sah das große Mittelschiff und die Emporen vor sich und überlegte, ob ihre Stimme überhaupt ausreichen würde, um den Raum zu füllen. Ach ja, sie hatte ja ein Mikrofon. Was aber, wenn sie ihren Text vergaß? Wenn sie vielleicht stolpern würde? Ihr Kleid an irgendeinem Haken hängen blieb? Oder – absolute Katastrophe – sie überhaupt keinen Ton herausbrachte?

Am liebsten hätte sie ihre Teilnahme am Musical abgesagt. Dafür aber war es jetzt zu spät. Kristin und alle anderen Beteiligten verließen sich auf sie. Es gab kein Zurück.

Nina fand in dieser Nacht kaum Schlaf. Bei der Generalprobe am nächsten Tag war sie müde und unkonzentriert. Nervös wartete sie auf ihren ersten Einsatz – und verpasste ihn prompt.

„Was ist denn los mit dir, Nina? Du hast doch noch nie einen Einsatz verpasst. Noch mal von vorne bitte." Kristin nickte Lea am Klavier zu. Die begann von Neuem – und wieder patzte Nina. Kristin wurde langsam ungeduldig. „Jetzt reiß dich mal zusammen. Wir müssen hier die Probe zu Ende bringen." Nina konzentrierte sich, erwischte tatsächlich auch ihren Einsatz, aber sie merkte selbst, dass sie längst nicht so gut war wie bei den Proben vorher. Ihre Stimme zitterte und ihre Unsicherheit übertrug sich auch auf den Chor.

„Sag mal, Nina", sprach Kristin sie nach der Probe an, „was, bitte schön, war das denn heute? Ich konnte mich doch immer auf dich verlassen. Deine Einsätze saßen und die anderen haben sich an dir orientiert. Mit deiner Unsicherheit hast du alle ziemlich durcheinandergebracht." Nina druckste herum: „Weißt du, die Kirche, sie ist so groß. Was, wenn ich bei der Aufführung einen Fehler mache? Meine Stimme versagt? Die Leute vielleicht sogar über mich lachen? Am liebsten würde ich überhaupt gar nicht singen."

„Ach so. Du hast ganz einfach nur Lampenfieber. Das ist doch ganz normal", versuchte Kristin sie aufmunternd lächelnd zu beruhigen. „Das mag ja sein. Aber ich weiß nicht, ob das morgen Abend in der Kirche verschwunden ist …" „Na", meinte Kristin, „das wird schon werden. Mach dich nicht verrückt. Und denk dran: Du kannst das. Du hast immer wunderbar gesungen. Du wirst das auch morgen Abend schaffen."

Davon war Nina absolut nicht überzeugt. Je mehr sie über die Situation nachdachte, desto mehr schnürte Angst ihr die Kehle zu. Sie musste mit jemandem reden. Auf dem Heimweg beschloss sie, bei ihrer Tante Gila vorbeizugehen. Mit ihr konnte sie alles besprechen, sie hörte zu und nahm sie ernst.

„Komm rein. Was ist los mit dir?" Gila merkte sofort, dass mit ihr etwas nicht stimmte. „Ich hab so furchtbare Angst vor dem Auftritt morgen. Erst war es nur so ein komisches Gefühl, aber jetzt glaube ich, ich pack das mit dem Singen in der Kirche nicht. Ich kann mich jetzt schon nicht mehr richtig an den Text erinnern", brach es aus Nina heraus.

Gila schwieg erst einmal. Dann fragte sie: „Kannst du den Text?" „Natürlich." „Wie liefen die Proben im Gemeindehaus?" „Richtig gut. Es hat fast von Anfang an prima geklappt." „Hat deine Stimme irgendwie versagt oder hast du die Töne nicht getroffen?" „Nein, natürlich nicht. Sonst hätte ich schon viel früher ans Aufhören gedacht." „Na also, du kannst deinen Text, kennst die Melodien. Es gibt also gar keinen Grund, dass es nicht klappen sollte." „Doch natürlich. Ich hab Angst, und die wird immer größer. Und dabei soll ich singen: ‚Fürchtet euch nicht!'."

„Was du brauchst", überlegte Gila, „ist Mut." „Du bist lustig, Mut. Das hätte ich mir auch selber denken können. Aber woher krieg ich Mut? Ich kann doch nicht sagen: ‚So, jetzt hab ich Mut.' Und zack ist der Mut da."

„Vielleicht nicht so. Aber vielleicht anders: Wart mal, ich glaube, ich hab da was für dich. Diese Woche ist mir ein Kärtchen in die Hände gefallen. Der Spruch, der da draufstand, könnte gut für dich passen. Hier: ‚Mut ist Angst, die gebetet hat'." „‚Mut ist Angst, die gebetet hat.' Das klingt schon stark. Aber ob sich das so einfach umsetzen lässt?", zweifelte Nina. „Probier es doch einfach mal aus. Dann wirst du merken, ob es klappt", schlug Gila vor. „Na ja, ich muss ja irgendwie da durchkommen. Kann ich das Kärtchen mitnehmen?" „Klar. Steck's dir ein. Dann hast du es morgen Abend noch vor Augen."

Auf dem Heimweg hatte Nina immer noch Gilas Worte im Ohr: „Probier's aus." „Gut dann, Gott, dann probier ich das jetzt aus: Ich hab solche Angst vor der Aufführung morgen. Ich muss singen: Fürchtet euch nicht! Und dabei habe ich selbst so viel Angst. Ich brauche Mut. Wenigstens ein bisschen. Kannst du ihn mir geben?" Nina war sich nicht sicher, ob das die richtigen Worte für ein Gebet waren. Aber Gila sagte immer, dass man mit Gott sprechen konnte wie mit einem Freund.

Erstaunlicherweise konnte sie diese Nacht besser schlafen. Zwar wurde sie immer wieder mal wach, aber sie bekam keine Panik mehr bei dem Gedanken an ihren Auftritt.

Am nächsten Abend in der Kirche. Der Raum füllte sich. Die Bänke waren bis auf den letzten Platz besetzt. Nina merkte, wie ihre Aufregung wuchs und ihr Herz immer schneller schlug. Hoffentlich, hoffentlich klappte alles. „Mut", flüsterte sie sich selbst zu. „Ich brauche Mut." „Mut ist Angst, die gebetet hat", hörte sie ihre Tante wieder sagen. „Gott, gib mir Mut."

Sie ging auf den Vorhang zu, der sie jetzt noch von den Zuschauern trennte. Ihre Knie zitterten. Sie atmete tief durch. „Mut. Gott hilf mir." Der Vorhang öffnete sich. Das strahlende Scheinwerferlicht richtete sich auf sie. Leise räusperte sie sich noch einmal. Lea schlug die ersten Takte auf dem Klavier an. Und sie sang, zunächst noch etwas zittrig, dann immer mutiger: „Fürchtet euch nicht! Habt keine Angst! Ich habe eine große Freudenbotschaft für euch: Heute ist Christus, der Retter, geboren."

Jürgen Werth

Wevelmanns Weihnachten

Er mochte diese Tage nicht. Nicht mehr ... Früher, mein Gott, früher ... als sie noch da war ... da war Weihnachten der Höhepunkt des Jahres. Spätestens am 1. Advent hatte sie angefangen die Wohnung komplett auf den Kopf zu stellen. Aufräumen, abräumen, umräumen. Ein paar unbehagliche Stunden lang fühlte er sich heimatlos. Aber dann, urplötzlich, strahlte die ganze Wohnung in einem beinahe unwirklichen Glanz, das Radio spielte Corellis Weihnachtskonzert, und alles roch nach Tannengrün und Kerzenrot, nach Gewürztee und Spritzgebäck.

Doch jetzt blieb alles grau, roch alles wie immer. In den ersten Jahren, nachdem sie still aus seinem Leben geschwebt war, hatte er es noch versucht. Doch es ging nicht. Irgendwie nicht. Er hatte zwar alle ihre Schätze aufgespürt, aber er wusste nicht mehr, wo was gebaumelt, wo was geflackert hatte. Und ans Spritzgebäck hatte er sich schon gar nicht gewagt. Die CDs mit „festlicher Weihnachtsmusik" sangen sein Herz nicht mehr warm. Alles ließ ihn kalt. Kann man alleine Weihnachten feiern?

Der Heilige Abend würde vorüber gehen, irgendwie. Aber dann kamen ja noch zwei weitere Feiertage. Die Kinder würden anrufen, ja. Aber niemand würde kommen, wohnten alle viel zu weit weg.

Er hörte das geschäftige Geschnatter der jungen Familie in der Nachbarwohnung. Für die war Weihnachten da! Ein Familienfest! Ein Kinderfest! Drei oder vier müsste die kleine Jessica jetzt sein. Und bald schon würde ein neues Baby dazukommen. Ziemlich bald. Kinderstrahlen, Kinderlachen und seinetwegen auch Kinderschreien – all das war Weihnachten.

Auf der Straße schoben die Laternen schüchtern ihr Licht in die trübe Dämmerung. Wie spät war es eigentlich? Gleich halb fünf. Sollte er in den Gottesdienst gehen? Nein, lieber nicht. Das geballte Familienglück in den Bänken würde ihn überfordern. Vielleicht ein Gottesdienst im Fernsehen. Später.

Sein Festmenü war überschaubar. Eine Tiefkühlpizza und ein Becher Crème Brûlée. Immerhin. Und ein Glas Rotwein. Oder zwei. Und ein Tränchen. Oder ein paar mehr.

Nebenan wurde es lauter. Ein Stuhl fiel um. Eine Tür schlug zu. Dann klingelte es an seiner Tür. Wer würde denn jetzt? Um diese Zeit? Zögernd schob er den Haken des Sicherheitsschlosses aus der Halteöse, drehte den Schlüssel und – erschrak. Seine Nachbarn. In heller Aufregung und mit knallroten Köpfen. Die junge Frau hielt sich den schweren Bauch. Schwitzte. Stöhnte. „Ach, Herr Wevelmann, wir müssen dringend in die Klinik. Es geht los. Fünf Tage zu früh. Kann Jessica bei Ihnen bleiben? Wir wissen nicht, wie lange es geht."

Jessica schaute mit ängstlichen Augen zu ihm hoch. Er mit verwirrten Augen zu ihr runter.

„Oder kommen Sie in unser Wohnzimmer. Jessis Geschenke liegen unter dem Baum. Das Essen steht auf dem Herd. Bedienen Sie sich einfach!"

„Aber nein, aber klar", stammelte er. „Komm rein, Jessica! Wir gehn dann nachher mal rüber. Aber Sie müssen los! Ganz schnell! Viel Glück! Behüt Sie Gott!"

Und schon stand er allein mit der kleinen Jessi im Hausflur. Was war denn das jetzt? Was sollte er? Wie sollte er? „Dann komm mal rein, Kleines! Heute ist ein toller Tag. Du bekommst ein, ein, ja was eigentlich?" „Ein Brüderchen!", piepste Jessica, und sie hopste ausgelassen dabei. „Emil!"

Ach ja, dachte er, das weiß man ja heute alles schon vorher. „Freust du dich?" „Jaaaaa!", strahlte die Kleine.

„Magst du was essen? Oder was trinken? Ich hab Kakao. Hab ich Kakao? Soll ich dir was vorlesen?" Aber längst schon hatten die beiden die Rollen getauscht. Jessi hatte die Fäden in die Hand genommen und zog ihn ins Wohnzimmer. Klar, sie war hier schon ein paarmal gewesen. Aber nicht sehr oft und nie sehr lange. Schon thronte sie auf Wevelmanns Sofa. „Singen!", krähte sie. „Weihnachtslieder! Wir wollten gerade damit anfangen."

Singen. Weihnachtslieder. Er hatte das seit Jahren nicht mehr getan. Doch dann fing es beinahe von selbst an zu singen in ihm und aus ihm heraus. „Ihr Kinderlein, kommet! So kommet doch all! Zur Krippe her kommet in Bethlehems Stall. Und seht, was in dieser hochheiligen Nacht der Vater im Himmel für Freude uns macht."

Der Vater im Himmel … Freude … Uns … Uns? Ihm? Jajaja!

Jessica sang mit. Nicht alle Wörter stimmten, nicht alle Töne passten, aber es war ein geradezu himmlisches Duett.

Die anderen Strophen kannten beide nicht. Aber das war egal. Sie sangen die erste wieder und wieder. Und dann „O du fröhliche!". Und „Stille Nacht". Zwischendurch futterten sie gemeinsam die Tiefkühlpizza. Herr Wevelmann hatte seit Jahren nicht mehr so gut gegessen.

„Soll ich dir eine Geschichte vorlesen?", fragte er. „Ja!", jubelte Jessica. Herr Wevelmann stiefelte zum Bücherregal. Was sollte er denn vorlesen? Am besten die Weihnachtsgeschichte. Klar. Was sonst an diesem Abend. Aber würde Jessica den alten Luther-Text verstehen? Ach was, dachte Herr Wevelmann, ich lese nicht vor, ich erzähle.

„Magst du auf meinen Schoß kommen?", fragte er vorsichtig. Und schon rutschte Jessica auf seine Knie und lauschte der Geschichte vom ersten Weihnachtsfest. Von der schwangeren Maria, von Josef und von ihrem Esel. Von ihrer Suche nach einer Bleibe für die Nacht. Was nicht so einfach war, weil alles voll war in Bethlehem. „Hoffentlich ist das für Mama und Papa nicht auch so schwer!", überlegte Jessica. „Nein! Bestimmt nicht! Die beiden sind bestimmt schon erwartet worden im Krankenhaus!" Ob es noch lange dauern würde, bis Emil da wäre?

Der kleine Jesus war inzwischen da. Die Krippe war anders als die, die Emil erwartete. Aber sie war genauso warm und gemütlich, erzählte Herr Wevelmann. Und dann kam die Stelle in der Geschichte, bei der er schon früher eine Gänsehaut bekommen hatte. Die mit den einsamen und vergessenen Hirten auf dem Feld und dem Engel und den himmlischen Heerscharen und ihren ganz und gar unirdischen Gesängen: „Für euch ist heute der Heiland geboren, Christus, der Herr!" Für euch …

Die Begrüßung von Emil würde bescheidener ausfallen heute Nacht. Aber er war ja auch nicht der Heiland, der Retter der Welt. Er durfte einfach nur Emil sein und seinen ganz eigenen Platz in der Welt finden. Doch auch er würde hochwillkommen sein. Kein Christkind, nein. Aber ein Menschenkind. Ein geliebtes Menschenkind. Wie Jessica.

Die war inzwischen weggeschlummert auf Herrn Wevelmanns Schoß. Er blickte in ihr selig lächelndes Gesicht, und ihn durchpulste so viel Glück wie seit Jahren nicht mehr. Es war Weihnachten geworden in seiner einsamen Wohnung. Für ihn war der Heiland geboren. Und er hatte Menschen mitgebracht.

Da riss ihn das Telefon aus seinen warmen Gedanken und Gefühlen. Der junge Papa. „Herr Wevelmann! Emil ist da! Es ging sooo schnell! Ich komme gleich nach Hause. Dann feiern wir drei zusammen das Kind. Einverstanden?"

„Einverstanden!", strahlte er. Ja! Das Kind würden sie feiern! Die Kinder! Emil. Jessica.

Und das von Bethlehem.

Karl-Heinz Becker

Das Christkind schläft noch

Es war ein schöner kalter Heiligabend. Schnee lag in der Luft. Fröhlich, immer noch singend, kam ich mit Mutti, Vati und Lenny aus dem Gottesdienst. Einige Familien begleiteten uns noch eine Weile. Dabei tauschten wir Kinder aufgeregt unsere Herzenswünsche untereinander aus. Groß waren die Hoffnungen auf die Bescherung an Heiligabend. Später trennten wir uns von den anderen und wünschten frohe Feststage.

Kaum zu Hause angekommen, sprangen Lenny und ich aufgeregt die Treppenstufen zu unserer Wohnung empor. Jeder hing seinen Wünschen nach. Doch halt. Wie bei uns Sitte, schauten wir vor unserer Bescherung kurz bei Vatis Schwester, Tante Carolin, vorbei. Sie wohnte mit ihrem Mann Paul und den achtjährigen Zwillingen Ben und Felix, ein Stockwerk unter uns. Für den gleichaltrigen Lenny und mich als Zehnjährige waren die beiden Jungs gute Spielkameraden.

Nachdem wir geklingelt hatten, geschah eine Weile nichts. Noch einmal drückten wir auf den Knopf. Endlich öffneten die beiden Jungs. „Na, ihr zwei", meinte

Mutti beschwingt, gleich beginnt die Bescherung. Seid ihr schon aufgeregt?" Die Zwillinge schauten bedrückt. „Hoffentlich", meinte Felix. Wir sahen uns an. „Was ist los?"

Im Wohnzimmer stand Tante Carolin. Sie wirkte verzweifelt und hatte feuchte Augen. Nichts im Raum war weihnachtlich geschmückt, nichts für eine Bescherung aufgebaut. Vom Sofa hingegen ertönte ein schnarchendes Geräusch. Breit und mächtig lag dort Onkel Paul, das Gesicht in die Polster gedreht und sein markantes Hinterteil uns entgegengestreckt.

„Ihr habt ja noch gar nichts vorbereitet", entfuhr es Mutti. „Wie auch", konterte Vati ironisch, „das Christkind schläft ja noch". Dabei jedoch umarmte er zärtlich seine Schwester. Der kamen die Tränen. „Paul hat sich furchtbar aufgeregt", flüsterte sie. „Ist dann in die Kneipe gegangen und ziemlich angetrunken wiedergekommen."

Mutti schien sprachlos. „Aber die Kinder …?" – Unsere Tante zuckte hilflos mit den Schultern.

„So geht es aber nicht …" Suchend blickt Mutti sich im Raum um. „Komm", sagte sie und legte ihrer Schwägerin liebevoll die Hand auf den Arm. „Lass uns den Schmuck holen, wir fangen an zu dekorieren." „Gute Idee", ergänzte Vati. „Fangt ihr schon mal damit an. Ich gehe zu den Jungs und lass mir etwas einfallen." Meinem Bruder und mir winkte er zu. „Und ihr beiden kommt mit." Begleitet von den Schnarchgeräuschen des Onkels verließen wir die Wohnstube.

Als wir über den Flur ins Kinderzimmer zu unseren Cousins gingen, zog ein verschmitztes Lächeln über Vatis

Gesicht. Lenny und ich kannten das schon. Meistens ging dann etwas Lustiges in ihm vor. „Woran denkst du?", fragten wir gespannt. „Wartet's ab", entgegnete Vati schmunzelnd, „ich habe eine Idee."

Bei unseren Cousins angekommen, die traurig und still in ihrem Zimmer saßen, hockte Vati sich zu ihnen auf den Boden. Wir setzten uns neben ihn. „Tut mir leid, ihr beiden", sagte Vati und zog Ben und Felix tröstend an sich. „Manchmal klappt es nicht so, wie man es sich wünscht. Eltern haben es auch nicht immer leicht. Es gibt so viel zu bedenken, damit es euch allen gut geht. Und die Verantwortung für eine Familie kann schwer auf einem lasten. Da passieren solche Ausrutscher. Aber passt mal auf ... ihr könnt doch gut singen ...?"

Vati nahm mich an die Hand und wir verließen den Raum, während Lenny bei den Zwillingen blieb. Er erzählte seiner Schwester und Mutti kurz, was er vorhatte. Dann liefen wir beide in unsere Wohnung und holten unsere Musikinstrumente.

Nach einiger Zeit, als das Wohnzimmer geschmückt war, kam Mutti zu uns. „Es ist alles fertig, nur die Geschenke fehlen. Die hat Paul versteckt. Aber das wird schon. Wollen wir?"

Dann zogen wir vier mit unseren Cousins über den Flur ins Wohnzimmer. Tante Carolin hatte die Kerzen am Baum entzündet. Festlich erstrahlte der geschmückte Raum. Das Einzige, was störte, war ein sägender Ton, das kräftige Schnarchen von Onkel Paul.

Ein schelmischer Zug umspielte Vatis Mund, als er uns im Halbkreis um das Sofa postierte. Auch Mutti und

Tante Carolin konnten sich ein Schmunzeln nicht verkneifen. Unsere beiden Cousins hingegen schauten etwas zaghaft aus der Wäsche. Weil Lenny und ich Vati an unserer Seite hatten, fühlten wir uns mutiger.

Dann nickte Vati still den Takt vor und wir setzten alle gleichzeitig ein: „O du fröhliche". Es war wie ein Donnerhall in dem nicht allzu großen Raum. Vati dominierte mit seiner Trompete, ich spielte die Geige und die anderen sangen! Kaum hatten wir begonnen, wurde Onkel Paul unruhig, das Schnarchen erstarb und er regte und räkelte sich, kam ein wenig zu sich und fuhr dann, wie vom Blitz getroffen, hoch. Verwirrt schaute er sich um. Der Anblick war zu komisch. Eisern hielten wir durch. Dann aber konnte ich nicht mehr. Mein Geigenspiel begann zu kratzen und Vati ließ laut losprustend seine Trompete sinken. Auch alle anderen konnten nicht mehr singen. Ein fröhliches Glucksen erfüllte den Raum.

„Frohe Weihnachten, lieber Schwager", rief Vati, während Tante Carolin in die Küche lief und ihrem sichtlich erschrockenen Gatten ein Glas Wasser holte. Der brauchte eine Weile, bis er verstand, was um ihn herum vorging.

Vati hatte sich zu ihm aufs Sofa gesetzt, den Arm um Onkel Paul gelegt und sagte: „Da freu ich mich aber. Das Christkind ist wach." Dann, etwas leiser, „deine Kinder warten nämlich sehnsüchtig auf die Bescherung."

Aus Onkel Pauls Gesicht war jede Verärgerung gewichen, verschämt sah er nun um sich. Da setzte sich seine Frau zu ihm, zog seinen Kopf an sich heran, küsste ihn und hauchte ihm ein „du solltest dich frisch machen" ins Ohr.

Noch müde und ein wenig taumelnd verließ Onkel Paul das Wohnzimmer und steuerte das Bad an. Unsere Eltern blickten sich kurz an, dann sagte Mutti: „Jetzt lassen wir euch in Ruhe, damit ihr fröhlich die Bescherung feiern könnt." Vati küsste seine Schwester: „Morgen schaue ich vorbei und frage Paul, was ihm auf der Seele liegt." Dann verabschiedeten wir uns. Lenny und ich stürmten voran in unsere Wohnung.

Dort war alles für unsere eigene Bescherung vorbereitet. Als dann das Glöckchen erklang und mein Bruder und ich aus unseren Zimmern gestürmt kamen, sprangen wir zuerst Mutti und Vati in die Arme. Das Erlebnis bei Onkel Paul und Tante Carolin hatte seine Spuren bei uns hinterlassen. Lenny schmiegte sich an Mutti, ich an Vati. „Weihnachten ohne Bescherung wäre ganz schön traurig", krächzte Lenny, während er Mutti drückte. Sie strich ihm sanft übers Haar: „Enttäuschungen können unter uns Menschen leider immer wieder geschehen ..." Dann lachte sie: „Darum wollen wir uns nun von Herzen darüber freuen, dass auf Gott Verlass ist." Während sie das sagte, schwang Vati mich fröhlich empor und rief: „Eben, er hat seine Weihnachtsbescherung an Heiligabend in Betlehem nicht ausfallen lassen. Das sollten wir tief in uns bewahren. – Und nun ab in die gute Stube!"

Cordula Lindörfer

Lena

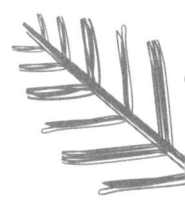

23. Dezember, 18 Uhr. Lena schaltet ihren Computer aus. Sie ist die Letzte im Büro. Alle anderen sind schon längst zu Hause oder haben diesen Tag ganz freigenommen, um sich auf Weihnachten vorzubereiten. Lena arbeitet gern noch so lange. Sie liebt ihren Job und sie braucht keine große Vorbereitungszeit für Weihnachten. Denn sie lebt allein. Es ist schon interessant zu sehen, wie viel weniger Stress man in der Vorbereitung auf Weihnachten hat, wenn man allein lebt. Man muss deutlich weniger Geschenke besorgen. Große Festmenüs fallen aus. Das bedeutet weniger gedankliche Vorbereitung, weniger Zeit im Supermarkt und kein Riesenabwasch hinterher.

An Heiligabend plant sie einen Besuch bei ihrer Mutter. Ein wenig aus Pflichtgefühl – sie könnte auch gut für sich allein bleiben. Aber ihre Mama lebt auch allein, und im Gegensatz zu ihr leidet sie sehr darunter. Die Ehe mit ihrem Vater ist schon früh gescheitert und dieses Scheitern hat Lenas Mama bitter gemacht. Seitdem schwankt sie zwischen Männerhass – „Wer braucht die schon, um glücklich zu sein?" – und der tiefen Sehnsucht nach einem Partner, der sie liebt und nicht verlässt. Dieser Zwiespalt wird an Weihnachten besonders deutlich. Das macht diese Abende sehr anstrengend.

So kann Lena sich auch am 24. nicht dazu bewegen, pünktlich aufzubrechen. Sie liebt ihre kleine Wohnung, die sie weihnachtlich geschmückt hat. Sie liebt die Ruhe dort und würde am liebsten mit einem guten Wein und dem Buch, das sie sich selbst zu Weihnachten geschenkt hat, den Abend auf dem Sofa verbringen. Aber das Pflichtgefühl treibt sie zu ihrer Mutter.

Sie kommt eine halbe Stunde später als vereinbart und wird gleich mit Vorwürfen überschüttet. „Warum lässt du mich warten? Wolltest du mich versetzen? Wenigstens wir müssen noch zusammenhalten – gerade an Weihnachten. Es ist doch das Fest der Liebe." Den letzten Satz sagt ihre Mutter tränenerstickt.

„Das geht ja gut los", denkt sich Lena. Sie geht gar nicht weiter darauf ein, küsst ihre Mutter zur Begrüßung, drückt ihr den mitgebrachten Weihnachtsstern in die Hand und hängt ihre Jacke auf. Dann betreten sie gemeinsam die Weihnachtsstube. „Leider habe ich keinen Weihnachtsbaum für dich." Sagt ihre Mutter mit leidiger Stimme. „Da fehlt mir einfach der Mann dazu." Seit sich Lena zurückerinnern kann, hatten die beiden nie einen Weihnachtsbaum. Lena vermisst nichts. Doch die Erfahrung hat sie gelehrt, in solchen Momenten zu schweigen. Wenn sie jetzt sagen würde, dass sie auf einen Baum verzichten könne, würde ein 15-minütiger Monolog starten, warum ein Weihnachtsabend nur mit Weihnachtsbaum perfekt sei. Am Ende wäre ihre Mutter noch trauriger. Also sagt sie stattdessen: „Wollen wir nicht ein Glas Sekt zur Feier des Tages trinken? Komm, lass uns anstoßen." In der Hoffnung, damit die Stimmung etwas zu heben, holt sie die Sektgläser aus dem Schrank. Als sie beide ein wenig mit dem Korken zu kämpfen haben, geht es wieder los: „Jetzt wäre ein Mann aber praktisch." Ein Unterton, der sich den ganzen Abend durchzieht. Beim Zerlegen der Weihnachtsente: „Das hat eigentlich dein Vater immer übernommen, bevor er mich verlassen hat"; bei Tisch: „Ach nur wir beide – da kommt ja gar kein richtiges Gespräch zustande" und es gipfelt beim Austausch der Geschenke in: „Eigentlich würde ich ja gern mal Geschenke für meine Enkelkinder besorgen – aber du arbeitest ja lieber, als dass du dir einen Mann suchst." Das ist der Tropfen, der das Fass zum Überlaufen bringt.

Wortlos steht Lena auf und geht ins Badezimmer. Völlig entmutigt fängt sie an zu weinen. Ihre Mutter hat sie an ihrem empfindlichsten Punkt getroffen. Sie könnte sich schon auch vorstellen, Kinder zu haben. Und natürlich weiß sie, dass ihre biologische Uhr tickt. Aber soll sie deswegen um jeden Preis, mit irgendeinem Typen …? Niemals. Das zeigt ihr allein schon die Geschichte ihrer Eltern. Entweder kommt der Richtige oder nicht. Zu Kompromissen ist sie nicht bereit. Natürlich fragt sie sich schon manchmal, warum ausgerechnet sie den Richtigen noch nicht getroffen hat. Aber davon lässt sie sich – normalerweise – nicht die Laune verderben. Es gibt viele Vorteile, wenn man allein ist. Besonders als introvertierter Mensch, der seine Ruhezonen braucht. So denkt Lena normalerweise über ihr Singlesein.

Aber heute, nach einem Weihnachtsabend mit ihrer zynischen, verbitterten Mutter, da ist sie einfach nur hoffnungslos. Und Zweifel kriechen in ihr hoch: „Bin ich es wirklich nicht wert, dass mich jemand liebt, so wie ich bin?"

Und während sie in dem kleinen Badezimmer ihrer Mutter auf der zugeklappten Kloschüssel sitzt und weint, hört sie durch die Wände die Nachbarn singen:

*Alle Jahre wieder
kommt das Christuskind
auf die Erde nieder,
wo wir Menschen sind.*

*Kehrt mit seinem Segen
ein in jedes Haus,
geht auf allen Wegen
mit uns ein und aus.*

*Ist auch mir zur Seite
still und unerkannt,
dass es treu mich leite
an der lieben Hand.*

Und plötzlich, in dem kleinen Badezimmer ihrer Mutter, auf der zugeklappten Kloschüssel sitzend, spürt Lena: Gott ist bei mir. Es fühlt sich an, als ob er ganz still auf dem Badewannenrand sitzt und ihre Hand hält. Sie kann seine Gegenwart fast körperlich spüren. Ein heiliger Moment. Jetzt ist Heiligabend. Gott ist da. Hier im Klo. Und auf ihrem Lebensweg. Er segnet sie. Ob mit oder ohne Kinder. Ob mit oder ohne Mann. Er führt sie. Und das ist es, was wirklich zählt. Nicht nur an Heiligabend.

Petra Hahn-Lütjen (Hrsg.)

24+2
WeihnachtsLichtGeschichten

128 Seiten. Hardcover
ISBN 978-3-7655-0767-0

Auch als Hörbuch erhältlich: ISBN 978-3-7655-8720-7

26 Glanz- und Hoffnungs-Lichter sind diese kleinen in sich abgeschlossenen Geschichten über das Licht von Weihnachten. Fein und unaufdringlich, voller Helligkeit, Glanz und Hoffnung, mit viel Humor erzählt.

Eine Mischung von stark nachgefragten Geschichten-Perlen, ergänzt mit neuen Highlights.
Die Erzählungen sind verfasst von so wunderbaren Autorinnen und Autoren wie Johannes Warth, Willi Näf, Schwester Teresa Zukic, Susanne Ospelkaus, Titus Reinmuth und Ursula Schröder.

Mit dieser einzigartigen Sammlung werden 24+2 Hoffnungs-Lichter entzündet. Ein außergewöhnliches Buch, das wahre Advents- und Weihnachtsfreude vermittelt und dafür sorgt, dass die Leser gut in dieser wundervollen Zeit ankommen!

Ammann-Gebhardt

Zauberhafte Weihnachtszeit

Erinnerungen aus 100 Jahren

176 Seiten. Hardcover
ISBN 978-3-7655-3811-7

Alle Jahre wieder gibt es diese wunderbare Zeit, in der Lichter leuchten, der Duft nach Tannengrün und Spritzgebäck durchs Haus weht, alle Menschen ein Stück näher zusammenrücken und einem besonderen Tag entgegenfiebern: Heiligabend.
Ob in der Bescheidenheit des Krieges, während der Wirtschaftswunderzeit oder in den guten Jahren der 2000er – Weihnachten bleibt etwas Unvergleichliches.
Ilse Ammann-Gebhardt blickt zurück auf 100 Jahre Weihnachtserinnerungen, erzählt von Weihnachtserlebnissen ihrer großen Herkunftsfamilie, von Freunden und Bekannten und schließt mit der ergreifenden Weihnachtschronologie der Bibel.
Eine wärmende Weihnachtslektüre.

BRUNNEN VERLAG GMBH
www.brunnen-verlag.de

Stefan Loß (Hrsg.)
WeihnachtsMutmachGeschichten